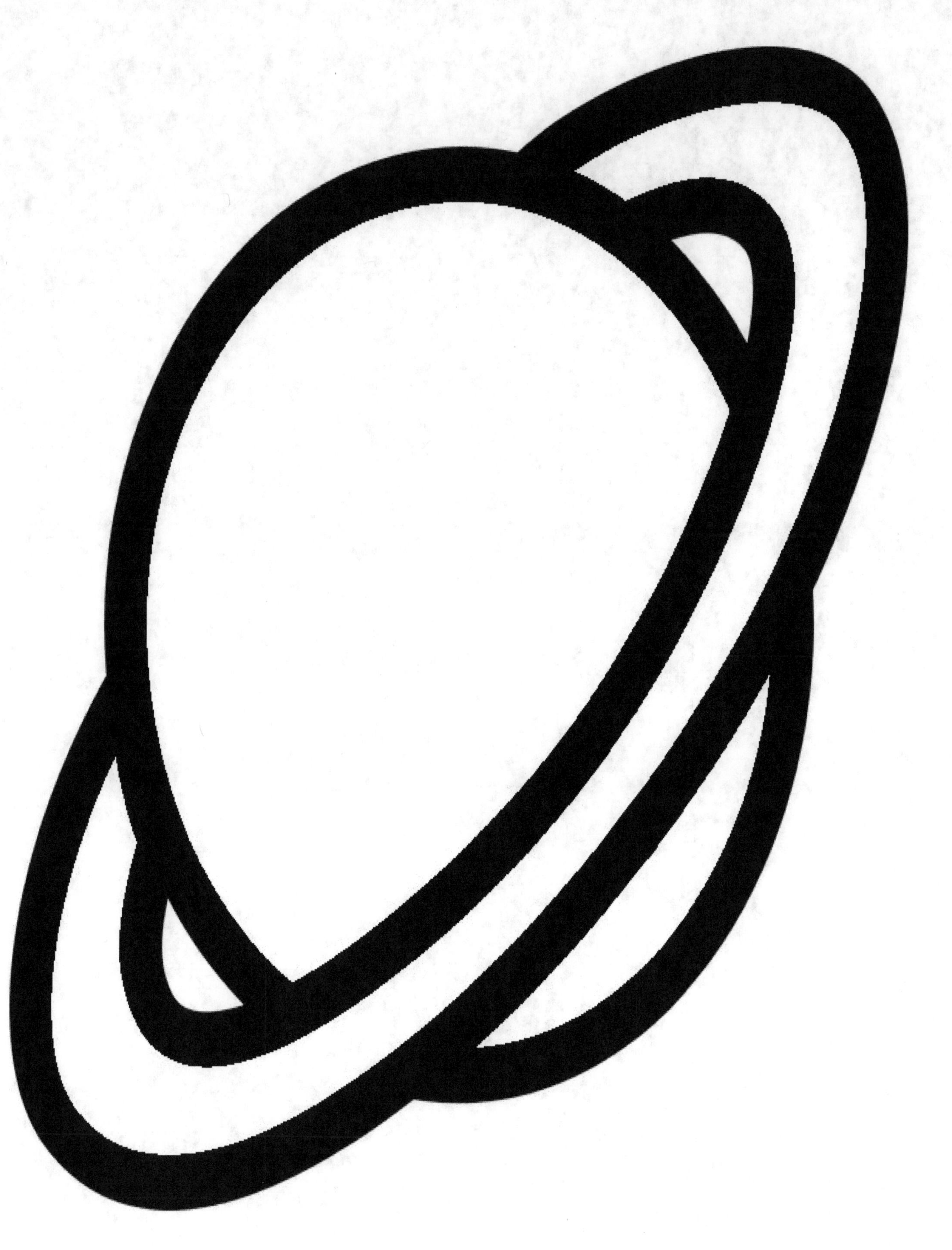

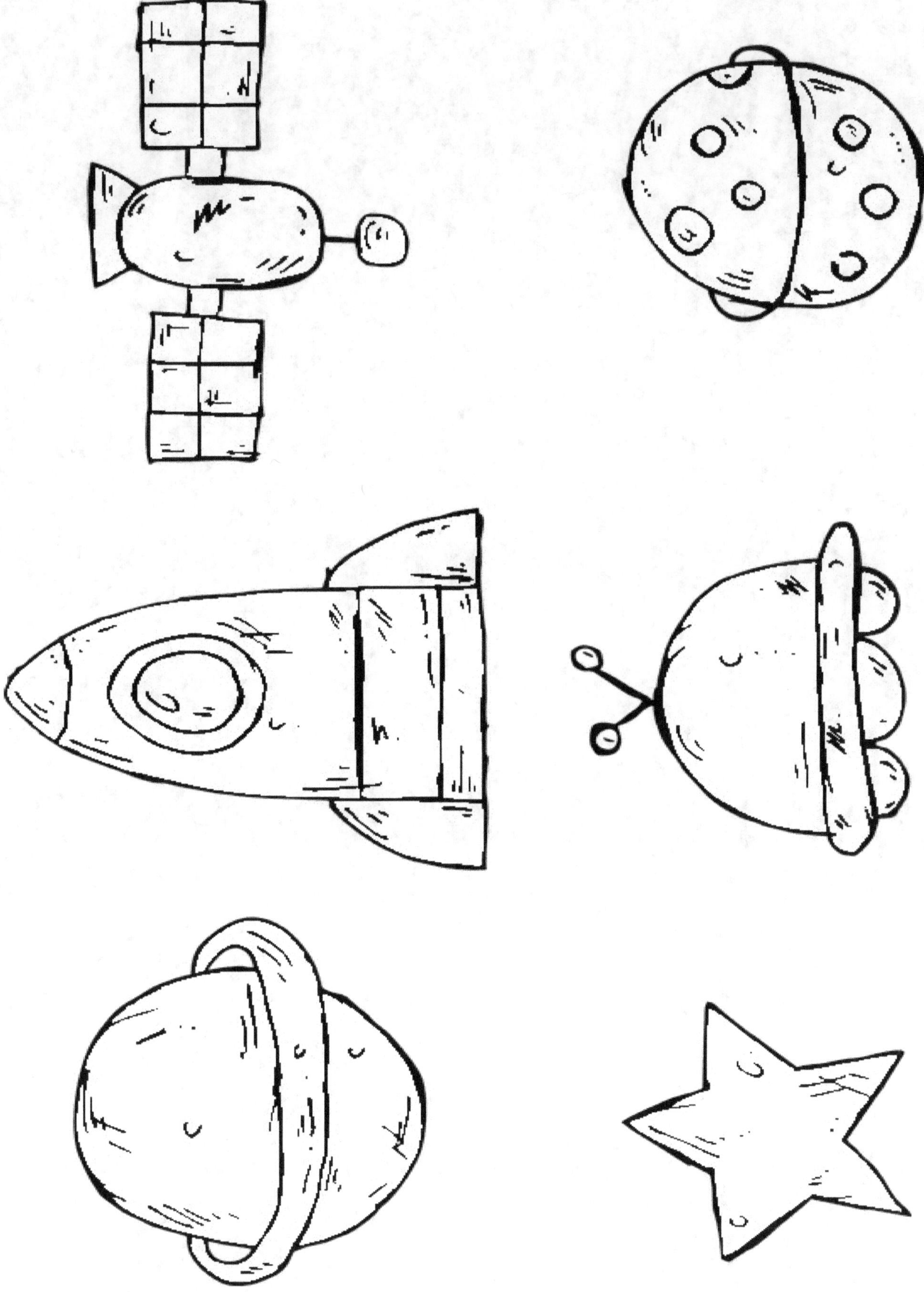

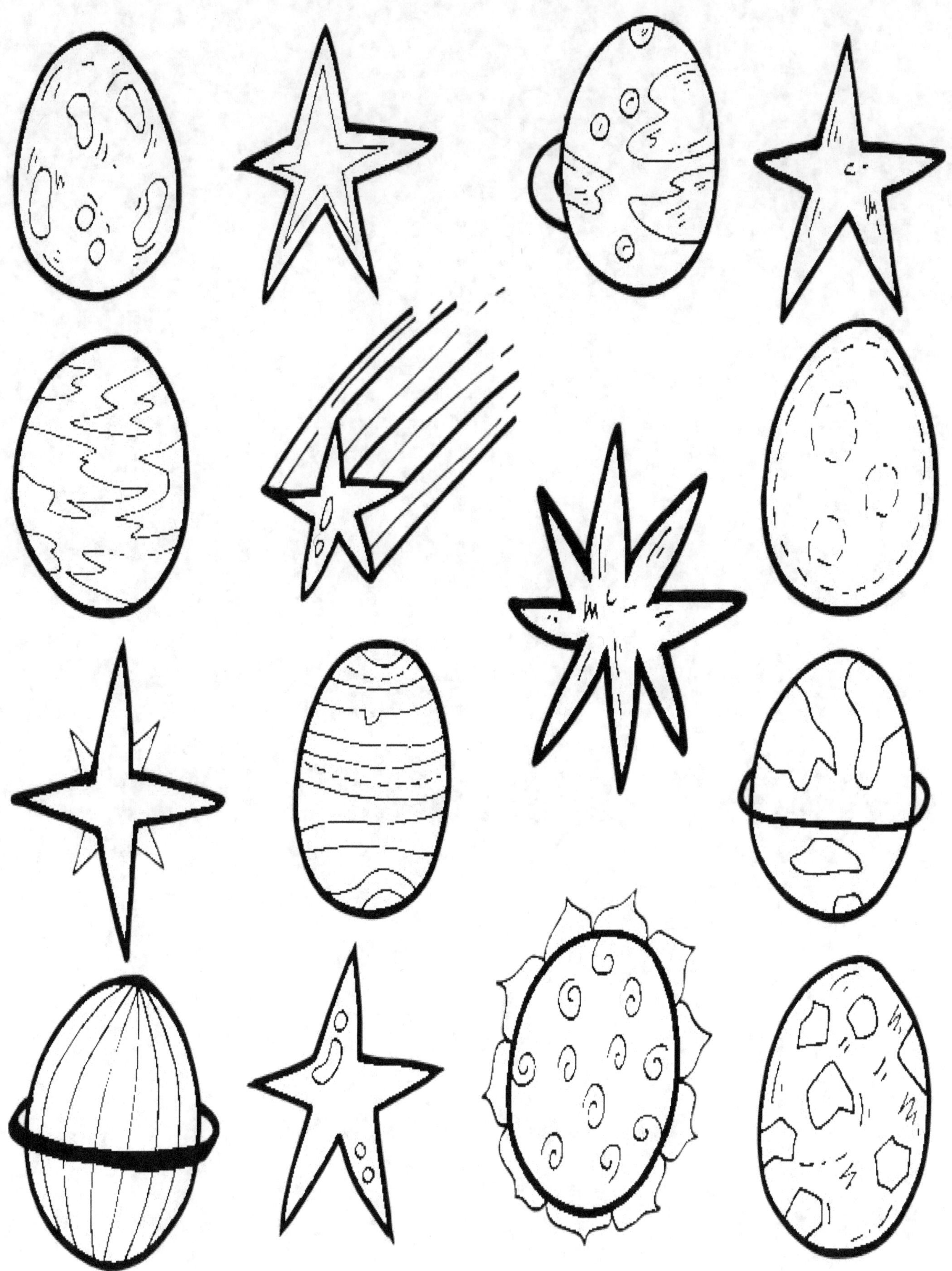

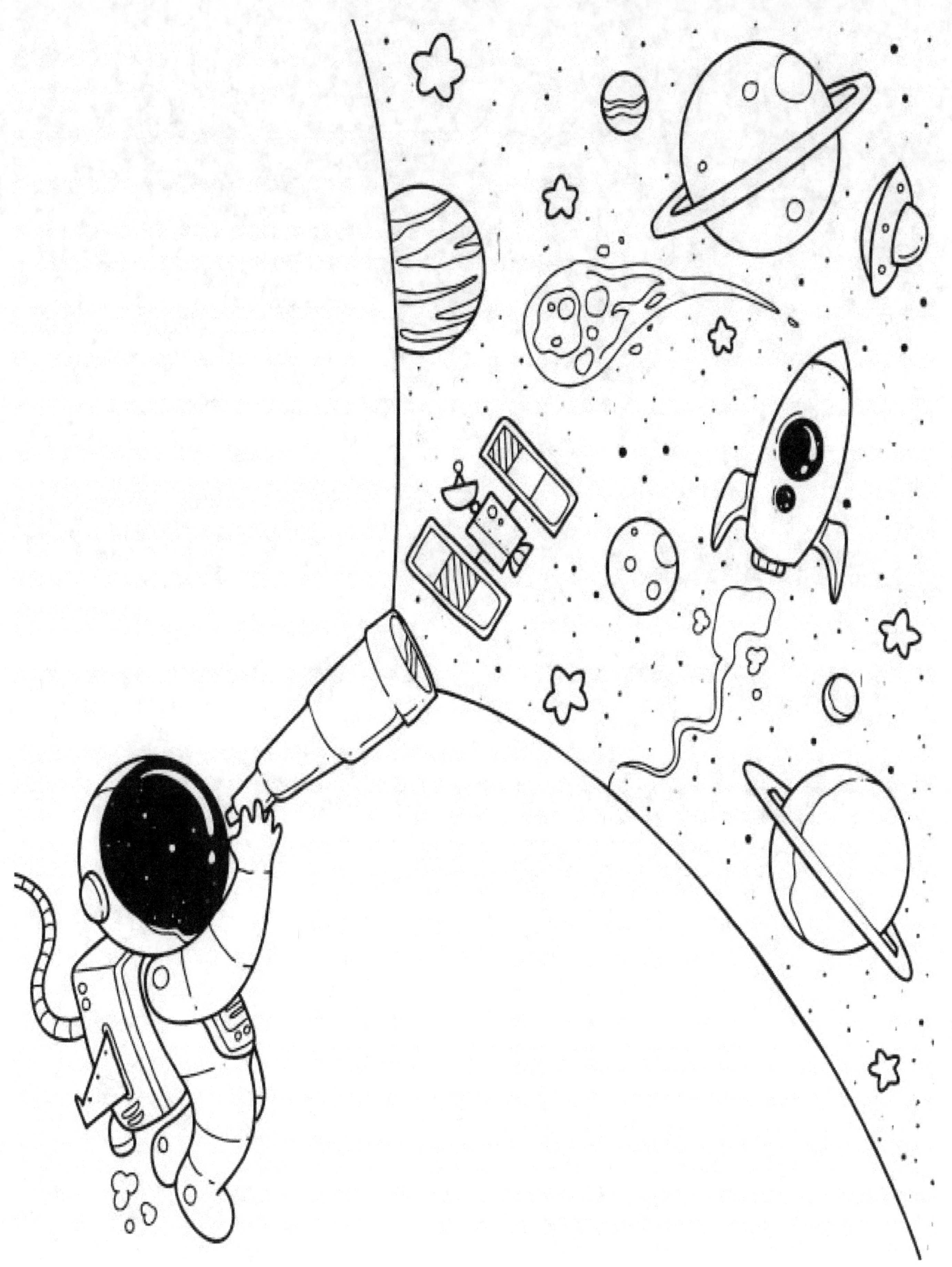

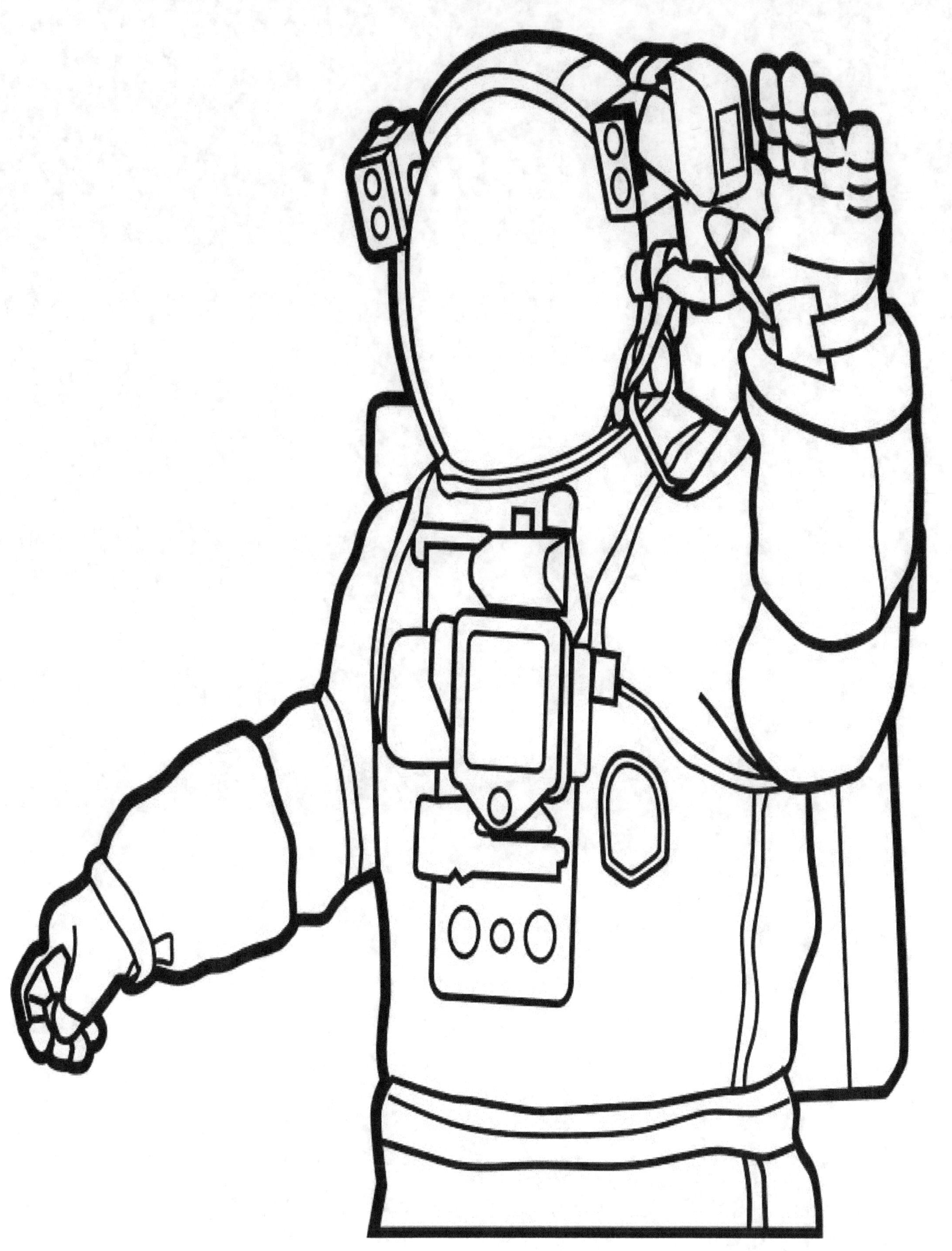

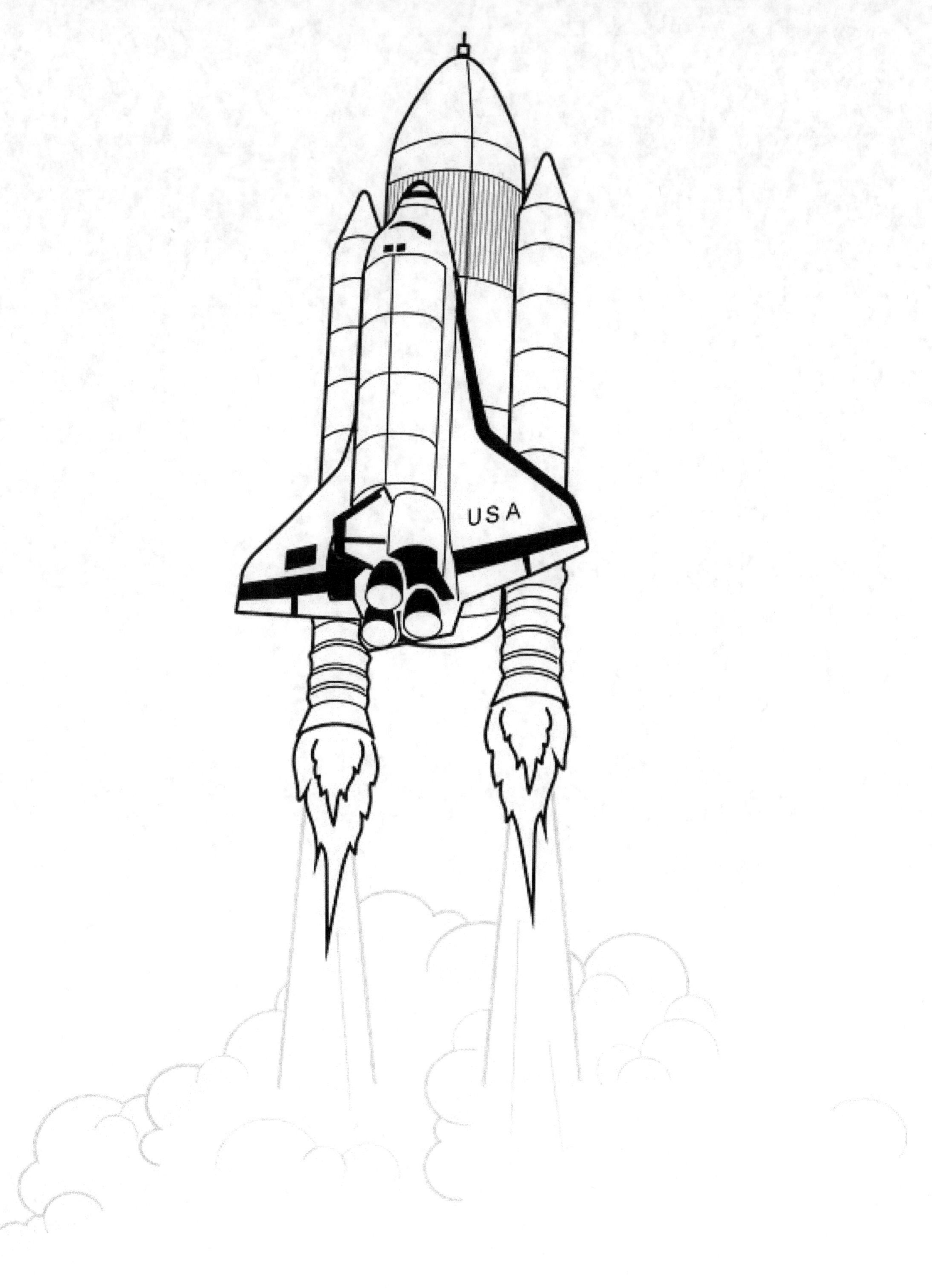

USA

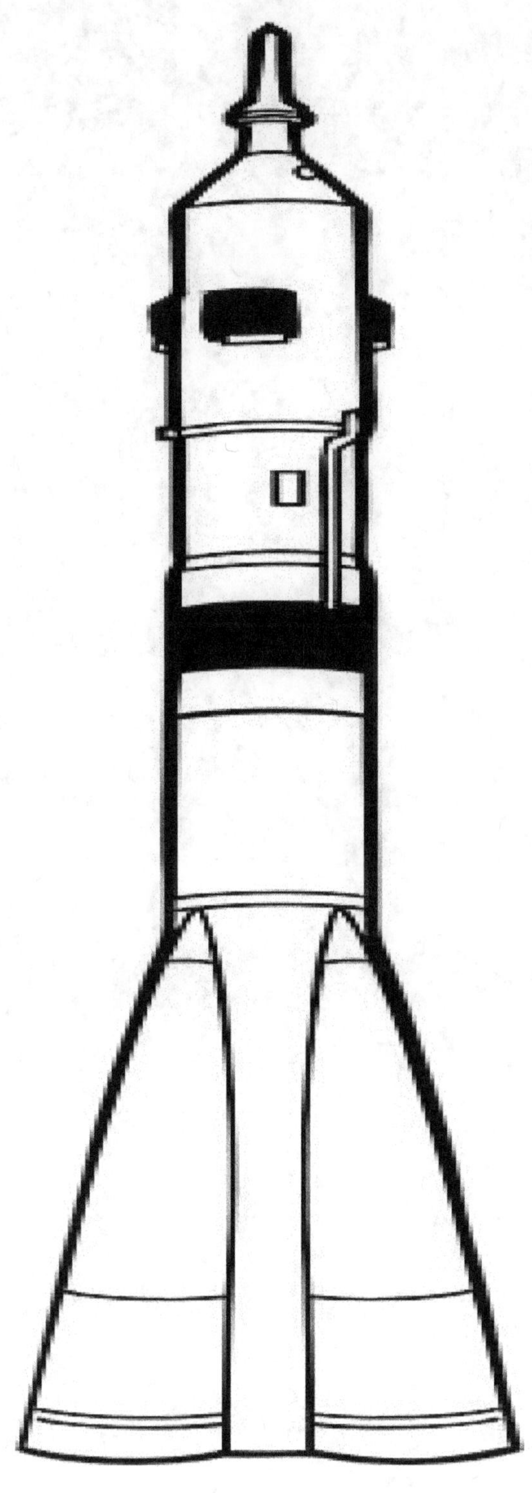